Märchenschatz für Kinder
OSTERMÄRCHEN AUS ALLER WELT

Die Übersetzung des Märchens von Daniel Charms
„Der Igel und der Hase" stammt von Alexander Nitzberg
Lektorat & Korrektorat: Hannah Koinig
Satz & Layout: Marianna Korsh

2. Auflage

ISBN 978-3-96372-082-6
Gedruckt in der EU

Auch als Hörbuch erhältlich!

www.wunderhaus-verlag.de

OSTER MÄRCHEN

aus aller Welt

Gezeichnet von
Natalie Grebtsova

Wunderhaus

Christian Morgenstern

OSTERMÄRCHEN

Es war einmal ein kleiner Junge, dem träumte in der Nacht vom Ostersamstag zum Ostersonntag, er läge nicht in seinem Bettchen in der warmen Stube, sondern draußen auf der Wiese unter dem blassen Vollmond und den silbernen Sternen. Dort läge und schliefe er, warm eingehüllt, damit ihm der Nachtwind nicht schade, der die Blütenzweige über ihm leise bewegte. Und ihm zu Häupten – so träumte ihm – stände ein mit Blättern ausgelegtes Körbchen auf dem Rasen. Drei Osterhäslein wären damit beschäftigt, die schönen Eier, die in dem Körbchen lagen, zu ihm hinzutragen, sie ihm sacht unter die Hand zu schieben und auf den Arm zu legen. Wenn er dann erwachte, dann würde er all die schönen Eier finden und mit ihnen zu Vater und Mutter springen dürfen. So träumte unser kleiner Junge in der Nacht zum Ostersonntag.

Als es aber zwischen fünf und sechs Uhr morgens war – oder war es noch nicht einmal so spät –, da erwachte Fritz, denn so hieß der kleine Knabe, und sprang aus dem Bette. Nun, Eier lagen freilich keine auf seinem Arm oder in seiner Hand – das musste ihm also wohl bloß so geträumt haben. Aber Ostermorgen war es wirklich. Da sollte man doch wenigstens in den Garten hinunterschauen, denn wer weiß, wer weiß ...?

Und Fritzchen stieß rasch die Fensterläden auf – da stand aber sein Mäulchen auch gleich offen, ganz ebenso offen wie die Fensterläden. Nein, seht doch, seht doch nur! Was war das aber auch für eine Ostermorgenpracht! Der Himmel war von der ersten Morgenröte so zart und rosig gefärbt, wie das eben nur an einem Ostermorgen sein konnte, wo auf allen Beeten Ostereier lagen, kreuz und quer, große und kleine in allen Farben, so dass der Himmel durchaus nicht zurückbleiben durfte, sondern zeigen musste, dass auch er in gar köstlichen Farben prahlen und strahlen könne. Er, der junge, leuchtende Ostersonntagsmorgenhimmel, über dem noch die letzten blassen Sterne der Nacht funkelten, als ob auch sie noch ein klein wenig von all der Osterherrlichkeit erhaschen wollten.

Draußen im Garten aber begann jetzt ein reges Leben. Hin und her sprangen die munteren Osterhäschen, legten noch hierhin und dorthin ein schönes, buntes Ei, das eine nach dem einen Ende des Gartens, das andere nach dem andern. Und welche wieder saßen mit gespitzten Ohren

– oder vielmehr Löffeln (denn so nennt man ja die Ohren des Hasen) – um einen Eierkorb und bewachten ihn, bis dann später die Kinder kämen. Inzwischen ging die Sonne schon halb auf, und der Mond, der alte Nachtwächter, wurde immer schläfriger und schläfriger und dachte: Jetzt werde ich wohl auch bald nach Hause gehen können.

Ja, das war eine drollige Geschichte! Saß da auch so einer von unseren fleißigen Osterhäschen unter den lieblichsten Blütenzweigen, die man sich denken kann, und legte eben ein wunderschönes Osterei nach dem anderen – als vier Schmetterlinge angeflogen kommen und ihn ganz ohne Scheu umflattern. Ja, der eine hält gar seinen weichen, braunen Rücken für ein höchst behagliches Ruhekissen, auf dem man sich – warum auch nicht? – wohl eine Weile niederlassen und rasten könnte. Unser kleiner Hasenfreund hat zwar gegen diese lichtfarbigen Sommerkinder sonst nicht viel einzuwenden – aber sollte das nicht schließlich doch über den Spaß gehen? Man ist doch ein großer, ausgewachsener Hase und darf also wohl einen gewissen Respekt fordern!

Wo käme die Welt denn hin, wenn solch ein kleiner, kecker Geselle sich einem einfach auf den Rücken setzen dürfte, als wäre man nur eben ein Sofa für ihn, und das noch dazu während eines so wichtigen Geschäftes! Nein, nein, man darf unserem Freund sein sehr erstauntes Gesicht wahrlich nicht übel nehmen, auf dem unverkennbar geschrieben steht: Ich finde das sehr, sehr merkwürdig! Also, es mochte acht oder neun Uhr sein, da gingen die Eltern mit den Kindern durch den

Garten. »Nun wollen wir doch einmal sehen«, sagten sie, »ob euch die Osterhasen auch schöne Eier versteckt haben!«

Voraus aber ging Nesthäkchen, das Kleinste, und richtig! Da hatte es auch schon drei Eier gefunden, die auf einem Häuflein zusammen lagen: ein rotes, ein blaues und ein gelbes Ei. Der Vater aber streckte die Hände aus und rief: »So, nun gib sie mir, mein Liebling! Und ich gebe sie dann der Mutter in ihr Körbchen, nicht wahr?«

Die Mutter aber sah gerade zu dem Blütenstrauch hin, unter dem Fritz eine Menge Ostereier entdeckt hatte – was ja freilich auch nicht gar so schwer war. Fritz aber war gleichwohl ganz stolz darauf, als wäre er wunder wie schlau gewesen.

»Was meinst du«, sagte der eine Hase draußen auf dem Wiesenhügel zum anderen, »sollten wir nicht durch dieses offene Fenster hier in die Wohnstube hineinhoppeln?«

»Ja, ja, das tun wir«, meinte der andere. »Denn hier draußen, da haben wir ja den Leuten vom Hause schon eine ganze Osterbescherung aufgebaut – also werden sie wohl nichts dagegen haben, wenn wir unsere Ostereier auch noch drinnen verstecken.«

»Gewiss nicht«, sagte der andere.

»Und dann, weißt du, gibt es nichts Lustigeres, als solch ein Wohnzimmer heimlich mit Ostereiern auszulegen. Da macht man zuerst die schönsten Figuren auf dem sauberen weißen Tischtuch, und dann kommt die Kommode an die Reihe und dann der Lehnstuhl und dann das Sofa.«

»Also dann los! Hopp du nur voran, ich komme schon mit.«

Als die Osterhasen nun mit allem fertig sind und richtig in der Stube drin sitzen und mit ihnen noch drei kleine Hasenkinder, die so lange gebettelt hatten, bis sie ihnen erlaubten, mitzukommen – da läuft plötzlich Nesthäkchen herein, das jüngste Töchterchen, das ein paar Stunden früher ein rotes, ein blaues und ein gelbes Ei gefunden hatte. Das sieht nun die Hasen und Hasenkinder ganz einfach auf dem Tisch und dem Sofa und den Stühlen sitzen, so als wäre das ganz selbstverständlich. Und nun gucken sie sich ganz erstaunt an, Nesthäkchen und das eine Hasenkind, das eine Hasenkind und Nesthäkchen. Aber fürchten tun sie sich nicht im mindesten voreinander, das kleine Menschenkind und das kleine Hasenkind – und das ist recht so, und das ist gerade das Schöne dabei. Nur der eine alte Hase, der macht einen gewaltigen Satz vom Tische weg. Da sind die Hasenkinder doch viel vernünftiger.

Bim Bam Baum Born – Bim Bam Baum Born – das läutet und läutet vom Turm, und die Schneeglöckchen und Märzbecher und die anderen kleinen Blumenglocken läuten auch noch dazu, nur sehr viel leiser und ferner: *Bim Bam Baum Born* ...

Ach, dieses viele Herumlaufen und Eiersuchen! Soll man da nicht ein ganz, ganz klein wenig müde werden dürfen? *Bim Bam Baum Bom* – so wohl und so fein läutet es dich in Schlaf und Traum. Was läutet er wohl, der Glockenturm mit den vielen schönen Glocken?

Ei, das will ich dir wohl sagen: Er läutet Ostern ein!

»Ostern?«, sagst du, »nun ja – Ostern!«

Weißt du denn auch so recht von Herzen, was Ostern ist? Ostern oder Auferstehungszeit? Ja, du liebes Kind, fühlst du denn auch so recht, was das für ein Fest ist, das diese Glocken dort vom Turm so freudig einläuten mit ihrem hellen, klingenden Bim Bam Baum Bom, dass die Lerchen, die droben im blauen Himmel jubilieren, kaum wissen, wie sie mit ihren kleinwinzigen Kehlen da noch mitkommen sollen?

Heute, in dieser heiligen Osternacht, da waren der Winter in seinem großen, weißen Schafspelz und der Frühling in seinem leichten blau und weiß gestreiften Anzug zum letzten Mal zusammen. Denn da hat der alte Winter seinem Sohne auf die Schulter geklopft und hat ihm seinen Königsring gegeben, seinen Königsring aus purem Golde und einem purpurnen Edelstein inmitten, und hat zu ihm gesagt: »So, jetzt sei du König. Ich bin alt und will in meine Höhle hinten im Walde gehen, da, wo der Dachs wohnt, unter den vom Wind gestürzten Tannen, und der Uhu, der nachts umherfliegt und seinen Ruf ruft und mit seinen glühenden Augen durch die finsteren Zweige äugt.

Da, ja, da gehöre ich nun hin – und in diese Welt hier«, – dazu machte der Winter eine große, alles umfassende Handbewegung über die junge Wiese hin, auf der sie standen und aus deren schwachem Gras schon die Märzveilchen lugten, und über die jungen Wälder, in denen die weißen, zarten Birken zu knospen anfingen und die Kätzchen schon munter sprossen. Und über den jungen Himmel hin, an dem eine ganze große Herde grauweißer Lämmerwölkchen dahin zog und wartete, bis Mond und Sterne untergegangen wären und sie die liebe rote Sonne auf ihren Pelz kriegen würden –, über all das machte der Winter solch eine mächtige, weit ausladende Handbewegung hin und sagte:

»In diese Welt gehörst jetzt du.

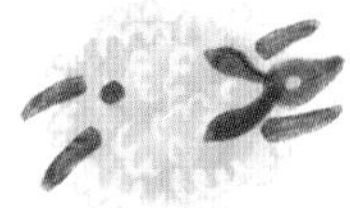

Jetzt blase du dein süßes, gewaltiges Hirten- und Auferweckungslied, dass die Erde zu blühen anfängt wie ein einziger wunderseliger Garten und morgen früh alle Menschen, groß und klein, alt und jung, wissen und sehen und schmecken und fühlen, dass du gekommen bist, du, der Frühling, mein lieber Sohn! Den Tag aber, wo sie das zum ersten Mal so ganz überwältigend sehen und schmecken und fühlen (also den morgenden Tag, wenn du nur recht dein Werk tust), diesen Tag, den nennen die Menschenkinder Ostern nach deiner lieben Mutter, meiner königlichen Gemahlin Ostara, von der du all deine Schönheit und deinen Frohsinn geerbt hast, du wilder Zauberer und Götterliebling!«

Und wie er das so sagte, der alte weißbärtige Winter, und dabei sich auf die flachsblonden Goldlocken seines Sohnes niederbeugte, um ihn zu segnen, da wurde ihm ganz weich ums Herz, so dass ihm ein riesiger Eiszapfen auf der linken Wange schmolz und auf den Frühling in seinem leichten Anzug hernieder tropfte. Da lachte der sein hellstes Lachen und rief, indem er die Arme schnell noch einmal um den Vater schlang, ihn mitten auf den Mund küsste und dann nach dem Wander- und Hirtenstab sprang, der unweit über dem munteren Wiesenbach

quer drüber gleich wie ein Brücklein lag: »Aber Herr Vater! Wir sehen uns doch wieder im Oktober oder im November oder spätestens zu Weihnachten – oder glaubt der Herr Vater, ich würde dies Jahr nicht wiederkommen mit meinem Korb voll pausbäckiger Äpfel und ... «

» ... und dass du mir ja guten Wein mit heimbringst«, lachte der Alte nun auf und wischte sich mit dem Schafspelzärmel den Rest des Eiszapfens vom zwinkernden Auge.

»Soll geschehen! Soll geschehen!«, hallte es nun schon von jenseits des Baches wider; denn der Frühling begann jetzt auszuschreiten, um sein großes Auferweckungswerk zu vollbringen.

»Vergiss mir auch die Kinder nicht, und dass die Osterhasen auch ihre Pflicht tun!«, war das letzte, was er von dem Alten noch hörte.

Dann zogen sie ein jeder seines Weges, der Winter in seinen Wald und der Frühling hinaus über die weite Erde.

Seht ihr, das hat nun alles der kleine Junge hier auf der Wiese geträumt, und ganz gewiss waren es die Blumenglöckchen, die ihm diesen Traum vom alten Winter und vom jungen Frühling zugeläutet haben. Denn, Kindlein, alles, was Glocken heißt, das hat ja der Frühling besonders lieb. Das muss ihm wecken helfen. Die Augen, die weckt er mit all den köstlichen bunten Farben, mit dem Blau des Himmels, dem Gelb der Schmetterlinge, mit dem Grün der Wiesen und dem Rot der Blumen. Und damit auch, wie solch ein Pflänzlein geformt und gebildet ist: bald als Stern, bald als herzförmiges Blatt, bald als ein Becherchen, aus dem die Bienen trinken werden, bald als ein Glöcklein und bald als ein Röcklein.

Die Nasen aber weckt er mit all dem süßen Duft, der aus hundert und aberhundert Blütenkelchen steigt, und die Ohren, die weckt er auf mit dem Gesang der Vögel und

dem Jubel der Kinder und dem Summen der Bienen. Doch das genügt ihm immer noch nicht: Und da ist er über die Maßen froh, dass die Menschen Türme gebaut haben mit Glocken darin, ganz eigens dafür bestimmt, ihm wecken zu helfen.

Aber selbst das wäre ihm noch nicht genug. Denn wenn nun doch ein Kind trotz all der lauten Turmglocken mitten auf der Wiese mitten in der Morgensonne und noch dazu neben einem Korb, gefüllt mit großen bunten Ostereiern, eingeschlafen ist wie unser kleiner Fritz? Ja, was dann? Dann braucht er eben noch andere Glocken; solche, die noch ganz anders läuten als die großen, plumpen Glocken aus Kupfer und Eisen; solche, die man nur hören kann, wenn es so still in einem ist, dass man sonst gar nichts hört von der ganzen Welt um einen herum; die einen ganz drinnen, ganz tief drinnen aufwecken, dass auch die kleinsten, verborgensten Herzlein des Frühlings voll werden, dass alles Gute und Liebe in ihnen die Augen aufschlägt. Dann sagen solche Herzlein wohl ganz leise im Traum: »Oh, wie gut ist doch das alles! Wie gut sind Vater und Mutter, wie sorgen sie für mich, wie beschenken, wie erfreuen sie mich. Und auch die lieben Osterhasen, dass auch sie an mich gedacht haben! Und all die Blümchen und Vöglein und Schmetterlinge, wie gut sind sie alle! Ich will auch gut sein, ich auch, ich kleiner Mensch, ich will auch so lieb und gut sein wie sie alle, mein ganzes Leben lang.«

Ihr Kinder, liebt mir die kleinen Glockenblumen und tut ihnen, ihnen ganz besonders, nie etwas zu Leide. Dafür, müsst ihr wissen, begleiten sie euch auch überallhin, wohin ihr nur kommt: Ihr findet sie im Tale wieder und auf den hohen Bergen und am Meeresstrande – und immer werden sie euch etwas Liebes zu sagen haben, wenn ihr müde geworden seid und die großen ehernen Glocken der Welt nicht mehr hört und auf der Wiese eingenickt seid wie hier unser kleiner guter Fritz.

Als der Abend dieses schönen Ostertages gekommen ist und die Kinder in ihren Bettchen liegen, da setzt sich die Mutter noch ein Weilchen zu ihnen und erzählt ein wenig von der weiten Reise der Sonne, vom Ostermond und von den Sternen. Dann singt sie ihnen ein Schlummerliedchen, und das wollen wir nun alle ganz leise mitsingen:

Träum, Kindlein, träum!
Im Garten stehn zwei Bäum.
Der eine, der trägt Sternlein,
der andere Mondenhörnlein.

Da kommt der Wind der Nacht gebraust –
und schüttelt die beiden mit rauher Faust.
Das Mondenhörnleinbäumlein steht,
als wäre gar kein Wind, der weht.
Dem Sternenbäumlein aber, ach,
dem fallen zwei Sternlein in den Bach.

Da kommen zwei Fischlein munter –
und schlucken die Sternlein hinunter.
Und hätte es nicht sterngeschnuppt,
so wären sie nicht so schön geschuppt.

Träum, Kindlein, träum,
im Garten stehn zwei Bäum ...
Der eine, der trägt Sternlein,
der andre Mondenhörnlein ...
Träum, Kindlein, träum ...

Hans Christian Andersen

DIE SCHNELLLÄUFER

Es waren einmal zwei Preise ausgesetzt, ein kleiner und ein großer Preis, für die größte Schnelligkeit, nicht in einem Lauf, sondern für die Schnelligkeit überhaupt das ganze Jahr hindurch.

»Ich bekam den ersten Preis!«, sagte der Hase. »Gerechtigkeit muss schließlich sein, wenn Verwandte und gute Freunde im Preisgericht sitzen. Dass aber die Schnecke den zweiten Preis erhielt, finde ich fast beleidigend für mich!«

»Nein«, versicherte der Zaunpfahl, der bei der Preisverteilung Zeuge gewesen war, »es muss auch Rücksicht auf Fleiß und guten Willen genommen werden. Das wurde von mehreren achtbaren Leuten gesagt, und das meine ich auch. Die Schnecke hat freilich ein halbes Jahr gebraucht, um über die Türschwelle zu kommen, und dabei hat sie sich auch noch verletzt, denn sie hat sich das Schlüsselbein gebrochen, weil sie sich so beeilt hat. Sie hat ganz und gar für ihren Lauf gelebt, und sie lief mit ihrem Haus auf dem Rücken! All das ist sehr lobenswert. Deshalb bekam sie auch den zweiten Preis!«

»Mich hätte man doch auch berücksichtigen können!«, sagte die Schwalbe. »Ich meine, dass niemand sich schneller als ich im Flug und Schwung gezeigt hat, und wo ich nicht überall gewesen bin, weit, weit fort.«

»Ja, das ist eben Ihr Unglück!«, sagte der Zaunpfahl. »Sie reisen zu viel umher! Immer müssen Sie unterwegs sein, ins Ausland reisen, wenn es hier zu frieren beginnt. Sie haben keine Vaterlandsliebe! Sie können nicht für einen Preis in Frage kommen!«

»Aber wenn ich den ganzen Winter drüben im Moor läge«, erwiderte die Schwalbe, »wenn ich die ganze Zeit schliefe, würde ich dann für einen Preis in Frage kommen können?«

»Besorgen Sie sich eine Bescheinigung von der alten Moorfrau, dass Sie die Hälfte der Zeit im Vaterland verschlafen haben, dann sollen auch Sie berücksichtigt werden.«

»Ich hätte eigentlich den ersten Preis und nicht den zweiten verdient!«, sagte die Schnecke. »Ich weiß ganz genau, dass der Hase nur aus Feigheit gelaufen ist, denn jedes Mal, wenn er Gefahr witterte, lief er los. Ich dagegen habe mein Laufen zu einer Lebensaufgabe gemacht und bin im Dienst zum Krüppel geworden! Wenn überhaupt jemand den ersten Preis bekommen soll, dann müsste ich es sein. Aber ich verstehe mich nicht aufs Angehen und Aufschneiden. Ich verachte dies vielmehr!«

»Ich werde mit meinem Wort bezeugen können, dass ich mich bei der Preisabstimmung um größtmögliche Gerechtigkeit bemüht habe«, sagte der alte Grenzpfahl im Wald, der Mitglied des Schiedsgerichtes war. »Ich gehe stets mit Überlegung und Berechnung vor. Siebenmal habe ich früher schon die Ehre gehabt, bei der Preisverteilung mit abzustimmen, aber erst heute habe ich meinen Willen durchgesetzt. Ich bin immer nach dem Alphabet vorgegangen: Zum ersten Preis gelangte ich von vorne im Alphabet, zum zweiten von hinten. Passen Sie auf, ich will Ihnen zeigen, wie man von vorne anfängt: Der achte Buchstabe nach *A* ist *H*, da haben wir den Hasen, und deshalb teilte ich dem Hasen den ersten Preis zu; der achte Buchstabe von hinten gezählt ist *S*, und deshalb erhielt die Schnecke den zweiten Preis. Das nächste Mal wird *I* für den ersten und *R* für den zweiten Preis an der Reihe sein! Es muss schließlich immer Ordnung in allen Dingen herrschen. Man muss einen bestimmten Anhaltspunkt haben!«

»Ich hätte auch für mich selbst gestimmt, wenn ich nicht unter den Richtern gewesen wäre!«, sagte der Maulesel, der ebenfalls Preisrichter war. »Man soll nicht nur die Schnelligkeit berücksichtigen, mit der man vorwärts kommt, sondern auch andere Eigenschaften, zum Beispiel wie viel man an Lasten ziehen kann; doch das wollte ich dieses Mal nicht hervorheben, auch nicht die Klugheit des Hasen auf der Flucht, oder seine List, plötzlich einen Sprung seitwärts zu machen, um die Leute auf die falsche Fährte zu leiten. Nein, es gibt noch etwas, das vielen sehr wichtig erscheint und das man nicht außer Acht lassen darf: Ich meine das, was man das Schöne nennt. Ich schaue auf das Schöne. Ich sah die schönen, wohl gewachsenen Ohren des Hasen an. Es ist eine wahre Freude zu sehen, wie lang sie sind!«

»Pst!«, sagte die Fliege, »ja, ich will nicht reden, ich will nur etwas sagen. Ich habe jedenfalls in meinem Leben mehr als einen Hasen eingeholt. Neulich zerschmetterte ich einem jungen Hasen die Hinterläufe; ich saß auf der Lokomotive vor dem Eisenbahnzug, das tue ich oft, denn man kann so am besten seine eigene Schnelligkeit beobachten. Ein junger Hase lief eine Zeitlang vor der Lokomotive her. Er hatte keine Ahnung, dass ich ihn beobachtete. Irgendwann musste er aber abbiegen, und da zerschmetterte die Lokomotive ihm die Hinterbeine, denn ich saß auf ihr. Der Hase blieb liegen, aber ich fuhr weiter. Das heißt doch wohl, dass ich ihn besiegt habe! Aber ich brauche den Preis nicht.«

Mir scheint nun freilich, dachte die wilde Rose – aber sie sagte es nicht, denn es ist nun einmal nicht ihre Natur, sich auszusprechen, obwohl es gut gewesen wäre, wenn sie es getan hätte –, mir scheint nun freilich, dass der Sonnenstrahl den ersten Ehrenpreis und auch den zweiten hätte bekommen müssen. Der Sonnenstrahl fliegt im Nu den unermesslichen Weg von der Sonne zu uns herab und kommt mit einer Kraft an, dass die ganze Natur davon erwacht; er besitzt eine so große Schönheit, dass wir Rosen alle dabei erröten und duften! Die hohe richterliche Obrigkeit scheint dies gar nicht bemerkt zu haben! Wäre ich der Sonnenstrahl, ich gäbe einem jeden von ihnen einen Sonnenstich, aber der würde sie nur toll machen, und das können sie ohnehin werden. Ich sage nichts, dachte die wilde Rose. Friede herrscht im Wald! Herrlich ist's, zu blühen, zu duften und zu leben! Der Sonnenstrahl überlebt uns doch alle!

»Was ist der erste Preis?«, fragte der Regenwurm, der verschlafen hatte und nun erst hinzukam.

»Der besteht in freiem Zutritt zu einem Kohlgarten«, antwortete der Maulesel, »ich habe diesen Preis vorgeschlagen. Der Hase musste und sollte ihn haben, und so nahm ich als denkendes und tätiges Mitglied vernünftige Rücksicht darauf, dass derjenige, der den ersten Preis erhält, auch einen Nutzen davon hat. Jetzt ist der Hase versorgt. Die Schnecke darf auf dem Zaun sitzen und Moos und Sonnenschein lecken und ist weiterhin als einer der ersten Preisrichter beim Schnelllaufen angestellt. Es ist sehr viel wert, einen vom Fach im Komitee dabeizuhaben. Ich muss sagen, ich erwarte viel von der Zukunft, wir haben schon einen recht guten Anfang gemacht!«

Brüder Grimm

DER HASE UND DER IGEL

Diese Geschichte ist eigentlich gelogen, Kinder, aber wahr ist sie doch, denn mein Großvater, von dem ich sie habe, pflegte immer, wenn er sie erzählte, zu sagen: »Wahr muss sie sein, mein Sohn, sonst könnte man sie ja nicht erzählen.« Die Geschichte aber hat sich so zugetragen.

Es war an einem Sonntagmorgen im Herbst, gerade als der Buchweizen blühte; die Sonne war am Himmel aufgegangen, und der Wind strich warm über die Stoppeln, die Lerchen sangen hoch in der Luft, und die Bienen summten im Buchweizen. Die Leute gingen in ihrem Sonntagsstaat zur Kirche, und alle Geschöpfe waren vergnügt, auch der Igel.

Er stand vor seiner Tür, hatte die Arme verschränkt, er guckte in den Morgenwind hinaus und trällerte ein kleines Liedchen vor sich hin, so gut und so schlecht wie am Sonntagmorgen ein Igel eben zu sin-

gen pflegt. Während er nun so vor sich hinsang, fiel ihm plötzlich ein, er könnte doch, während seine Frau die Kinder wusch und ankleidete, ein bisschen im Feld spazieren gehen und nachsehen, wie die Steckrüben standen. Die Steckrüben waren ganz nah bei seinem Haus, und er pflegte sie mit seiner Familie zu essen, darum sah er sie auch als die seinigen an.

Gedacht, getan. Er schloss die Haustür hinter sich und schlug den Weg zum Feld ein. Er war noch nicht sehr weit und wollte gerade um den Schlehenbusch herum, der vor dem Feld stand, als er den Hasen erblickte, der in ähnlichen Geschäften ausgegangen war, nämlich um seinen Kohl zu besehen. Als der Igel den Hasen sah, wünschte er ihm freundlich einen guten Morgen. Der Hase aber, der auf seine Weise ein vornehmer Herr war und grausam hochfahrend noch dazu, antwortete gar nicht auf des Igels Gruß, sondern sagte mit höhnischer Miene: »Wie kommt es, dass du hier schon so am frühen Morgen im Feld herumläufst?«

»Ich gehe spazieren«, sagte der Igel.

»Spazieren?«, lachte der Hase. »Du könntest deine Beine schon zu besseren Dingen gebrauchen.«

Diese Antwort verdross den Igel sehr. Alles kann er vertragen, aber auf seine Beine lässt er nichts kommen, gerade weil sie von Natur aus krumm sind.

»Du bildest dir wohl ein, du könntest mit deinen Beinen mehr ausrichten?«, sagte er.

»Das will ich meinen«, sagte der Hase.

»Nun, das kommt auf einen Versuch an«, meinte der Igel. »Ich wette, wenn wir um die Wette laufen, ich lauf schneller als du.«

»Du – mit deinen krummen Beinen?«, sagte der Hase. »Das ist ja zum Lachen. Aber wenn du so große Lust hast – um was wetten wir?«

»Einen Golddukaten und eine Flasche Branntwein«, sagte der Igel.

»Angenommen«, sagte der Hase, »schlag ein, und dann kann es gleich losgehen.«

»Nein, so große Eile hat es nicht«, meinte der Igel, »ich hab' noch gar nichts gegessen; erst will ich nach Hause gehen und ein bisschen was frühstücken. In einer Stunde bin ich wieder hier.«

Damit ging er, und der Hase war damit zufrieden. Unterwegs aber dachte der Igel bei sich: »Der Hase verlässt sich auf seine langen Beine, aber ich will ihn schon kriegen. Er ist zwar ein vornehmer Herr, aber doch ein dummer Kerl, und das soll er bezahlen.«

Als er nun nach Hause kam, sagte er zu seiner Frau: »Frau, zieh dich rasch an, du musst mit mir ins Feld hinaus.«

»Was gibt es denn?«, fragte die Frau.

»Ich habe mit dem Hasen um einen Golddukaten und eine Flasche Branntwein gewettet, dass ich mit ihm um die Wette laufen will. Und da sollst du dabei sein.«

»O mein Gott, Mann«, begann die Frau loszuschreien, »hast du denn ganz den Verstand verloren? Wie willst du mit dem Hasen um die Wette laufen?«

»Sei still, Frau«, sagte der Igel, »das ist meine Sache. Misch dich nicht in Männergeschäfte! Marsch, zieh dich an und komm mit!«

Was sollte also die Frau des Igels tun? Sie musste gehorchen, ob sie wollte oder nicht. Als sie miteinander unterwegs waren, sprach der Igel zu seiner Frau:

»Nun pass auf, was ich dir sage. Dort auf dem langen Acker will ich unseren Wettlauf machen. Der Hase läuft in einer Furche, und ich in der anderen, und dort oben fangen wir an. Du hast nun weiter nichts zu tun, als dass du dich hier unten in die Furche stellst, und wenn der Hase in seiner Furche daherkommt, so rufst du ihm entgegen: ***Ich bin schon da!***«

So kamen sie zu dem Acker, der Igel wies seiner Frau ihren Platz an und ging den Acker hinauf. Als er oben ankam, war der Hase schon da. »Kann es losgehen?«, fragte er.

»Jawohl«, erwiderte der Igel.

»Dann nur zu.« Damit stellte sich jeder in seine Furche. Der Hase zählte: »Eins, zwei, drei«, und los ging er wie ein Sturmwind den Acker hinunter. Der Igel aber lief nur etwa drei Schritte, dann duckte er sich in die Furche hinein und blieb ruhig sitzen. Und als der Hase im vollen Lauf am Ziel unten am Acker ankam, rief ihm die Frau des Igels entgegen: »***Ich bin schon da!***«

Der Hase war nicht wenig erstaunt, glaubte er doch nichts anderes, als dass er den Igel selbst vor sich hatte. Bekanntlich sieht die Frau Igel genauso aus wie ihr Mann. »Das geht nicht mit rechten Dingen zu«, rief er. »Noch einmal gelaufen, in die andere Richtung!« Und fort ging es wieder wie der Sturmwind, dass ihm die Ohren am Kopf flogen. Die Frau des Igels aber blieb ruhig an ihrem Platz sitzen, und als der Hase oben ankam, rief ihm der Herr Igel entgegen: »***Ich bin schon da!***«

Der Hase war ganz außer sich vor Ärger und schrie: »Noch einmal gelaufen, noch einmal herum!«

»Meinetwegen«, gab der Igel zurück. »Sooft du Lust hast.«

So lief der Hase dreiundsiebzigmal, und der Igel hielt immer mit. Und jedes Mal, wenn der Hase oben oder unten am Ziel ankam, sagten der Igel oder seine Frau:

»Ich bin schon da.«

Beim vierundsiebzigsten Male aber kam der Hase nicht mehr ans Ziel. Mitten auf dem Acker fiel er zu Boden und blieb wie tot liegen. Der Igel aber nahm seinen gewonnenen Golddukaten und die Flasche Branntwein, rief seine Frau aus der Furche ab, und beide gingen vergnügt nach Hause. Und wenn sie nicht gestorben sind, leben sie heute noch.

So geschah es, dass auf der Buxtehuder Heide der Igel den Hasen fast zu Tode gelaufen hatte, und seit jener Zeit hat kein Hase mehr gewagt, mit dem Buxtehuder Igel um die Wette zu laufen.

Die Lehre aus dieser Geschichte aber ist, dass sich keiner, und wenn er sich auch für sehr vornehm hält, einfallen lassen soll, sich über einen kleinen Mann lustig zu machen, und wäre es auch nur ein Igel.

Daniel Charms

DER IGEL UND DER HASE

Der Igel stolperte und fiel in den Fluss. Das Wasser war kalt, und der Igel bibberte. Da wollte sich der Igel in der Sonne wärmen, doch das Wetter war grau und die Sonne bedeckt.

Nun setzte sich der Igel auf die Wiese in der Hoffnung, dass sich die Sonne bald zeigt.

Da sitzt also der Igel auf der Wiese. Er ist klatschnass und auch durchgefroren. Plötzlich sieht er auf der Wiese den Hasen hopsen.

»Hallo, Hase!«, rief der Igel. »Komm doch mal her!«

Und der Hase kam her und sagte: »Was willst du?«

»Was ich will?«, fragte der Igel, »nur mit dir reden. Alle halten dich für einen Angsthasen. Schämst du dich nicht?«

»Na sowas!«, wunderte sich der Hase. »Willst du mich unbedingt verletzen?«

»Wieso nicht«, sagte der Igel, »wenn du ein Angsthase bist? Doch ich will dir beibringen, mutig zu sein.«

»Na, herzlichen Dank, bin auch ohne deine Hilfe sehr, sehr mutig«, sagte der Hase. »Ich habe nämlich vor gar nichts Angst.«

»Ach was«, sagte der Igel, »du bist ein Angsthase, ich dagegen ...«

Da verstummte der Igel urplötzlich, sperrte den Mund auf, schloss die Augen und hob den Kopf.

Und der Hase schaute den Igel an und erschrak.

‚Was hat er denn?', dachte der Hase. ‚Er ist wohl verrückt!'

Also hüpfte der Hase schnell zur Seite und versteckte sich im Gebüsch.

Da zuckte der Igel heftig mit dem Kopf und nieste: ***Hatschi!*** Dann wischte er sich mit der Pfote die Nase ab, öffnete die Augen und stellte fest: Der Hase hat sich in Luft aufgelöst.

»Nanu!«, sprach der Igel. »Wo ist er denn hin? Hallo, Hase? Hallo, wo steckst du?«

Aber der Hase sitzt im Gebüsch und hält feinhübsch den Mund.

Eben noch wollte der Igel nach Hause, blieb aber stehen, schloss die Augen, sperrte den Mund auf, erst ein wenig, dann etwas weiter, dann noch weiter, schüttelte plötzlich heftig den Kopf und nieste laut: ***Hatschi!***

»Gesundheit!«, sagte jemand ganz in der Nähe. Der Igel öffnete die Augen und sah vor sich den Hasen.

»Wo hast du gesteckt?«, fragte ihn der Igel.

»Wo ich gesteckt habe?«, sagte der Hase. »Nirgendwo. Ich war doch hier.«

»Ausgeschlossen«, sagte der Igel, »ich habe dich jedenfalls nicht gesehen. Ich habe sogar nach dir gerufen, aber du …«

Der Igel verstummte plötzlich, schob die Nase nach vorne, hob sie dann hoch, dann noch etwas höher, und noch etwas höher, kniff die Augen zusammen, hob die Nase noch höher, senkte sie plötzlich herab zur Erde und nieste laut: ***Hatschi!***

»Ich glaube, ich habe mich etwas verkühlt«, sagte der Igel und öffnete die Augen. Nur um festzustellen, dass sich der Hase schon wieder in Luft aufgelöst hatte.

Der Igel schaute und schaute sich um und kratzte sich mit der Pfote am Kopf.

»Nein sowas«, sagte der Igel. »Dieser Hase hat sich doch glatt … ***ha… ha… hatschi!***«, er nieste.

»Zum Wohl!«, sagte jemand ganz in der Nähe.

Der Igel öffnete die Augen und sah den Hasen.

»Verflixt und zugenäht!«, sagte der Igel und wich zurück.

»Wieso, was ist denn?«, fragte der Hase.

»Hör mal«, sagte der Igel, »warst du tatsächlich die ganze Zeit hier?«

»Ja«, sagte der Hase. »Ich stand immer hier.«

»Also dann verstehe ich rein gar nichts mehr!«, sagte der Igel. »Mal bist du da, mal … ***ha… ha… ha… hatschi!***«

Vorsichtig öffnete der Igel ein Auge, aber schloss es sogleich und öffnete das andere. Vom Hasen war keine Spur zu sehen.

»Und wieder ist er weg!«, sagte der Igel leise und öffnete diesmal beide Augen.

»Er ist kein Hase, er ist ein … *ha… ha… ha… hatschi!*«

»Prosit!«, sagte der Hase, diesmal dem Igel direkt ins Ohr.

»Hilfe! Hilfe!«, kreischte der Igel, rollte sich zu einer Kugel zusammen und stellte seine spitzen Stacheln auf.

»Was soll das Geschrei?«, fragte der Hase.

»Lass mich bloß in Ruhe!«, kreischte der Igel. »Dauernd löst du dich in Luft auf! Ich kann gar nicht hinsehen! Ich verstehe rein gar nichts mehr! Los, verschwinde!«

»Warte mal!«, rief der Hase, »du wolltest mir doch beibringen, mutig zu sein.«

Dabei hüpfte der Hase zurück ins Gebüsch.

»Um mutig zu sein«, begann der Igel und schob das Schnäuzchen nach vorne, doch plötzlich sah er, dass der Hase schon wieder verschwunden war.

»Oh-oh-oh! Und wieder … *hatschi!* Und wieder ist er weg!«, kreischte der Igel und stürzte davon.

Der Igel stürzt also davon, mal rennt er, mal bleibt er stehen, mal niest er, mal rennt er weiter. Dann niest er wieder, dann rennt er weiter. Der Hase jedoch hüpft heraus aus dem Gebüsch und kullert sich vor Lachen.

»Ha-ha-ha!«, lachte der Hase. »Was für ein Held! Und so einer will mir beibringen, mutig zu sein? Ha-ha-ha!«

Diese Geschichte erzählte mir meine Freundin, die Drossel.

Sie hatte all das selbst gesehen, da sie nicht weit entfernt auf ihrem Baum gesessen hatte.

Joachim Ringelnatz

OSTERMÄRCHEN

Am Abend vor Gründonnerstag lag der kleine Fritz mit wachen Augen im Bett und konnte nicht einschlafen. Beständig musste er an morgen denken, wo er mit seinen Geschwistern – wie alle Jahre – Ostereier suchen würde. Wie viele es wohl sein und wie sie wohl aussehen und wie groß sie sein würden?

Während er noch darüber nachsann, hörte er plötzlich hinter sich ein feines Stimmchen seinen Namen rufen. Mehr erstaunt als erschreckt drehte er sich um und sah – einen kleinen Hasen auf dem Stuhl am Kopfende seines Bettes sitzen.

»Mein Name ist Kohlfraß«, sagte das Häschen. »Darf ich dich zu einem Spaziergang einladen?«

Fritzchen wunderte sich zwar ein bisschen über den Einfall, jetzt spazieren zu gehen, erklärte sich aber bereit und folgte, nachdem er sich angezogen hatte, dem Häschen, das im schnellen Laufe durch Zimmer und Vorsaal, die Treppe hinunter, zur Stadt hinaus, über Wiesen und Felder voraneilte. Schneller war Fritz noch nie gelaufen.

Endlich hielt sein Führer vor einem hohen Felsen.

»Dies ist der Osterhasenpalast«, sagte Kohlfraß. »Hier werden die Eier gefertigt, die wir Hasen dann in den Gärten und Stuben für artige Kinder verstecken. Eigentlich dürfen Kinder hier nicht hinein. Da du aber besonders brav gewesen bist, so will ich dir heute einmal alles zeigen.«

Hierauf zog das Häschen aus einem seiner Ohren ein Schlüsselchen hervor, das es in eine Felsenritze steckte. Sogleich öffnete sich eine Tür, und sie traten in einen finsteren Gang. Plötzlich war es hell, und nun standen sie vor einem ungeheuren offenen Tor, durch das man in einen großen, hellen Saal schaute, der wieder in drei kleinere Säle abgeteilt war. Vor dem Tor stand eine Hasenschildwache mit einem Gewehr, das sie sofort auf Fritzchen anlegte.

Der flüchtete entsetzt hinter seinen Begleiter. Kohlfraß aber raunte der Schildwache nur ein Wörtchen zu, worauf diese sogleich das Gewehr senkte und ehrerbietig präsentierte. Die zwei traten nun in den ersten Saal. »Hier werden die Eier gelegt«, erklärte Kohlfraß.

Fritzchen sah mit Staunen: Da kauerten Tausende von Hasen und Häschen am Fußboden, der mit weichem Moos belegt war. Sie hielten

sämtlich die Vorderpfoten in die Seiten gestemmt und stöhnten und keuchten ganz schrecklich – das Leben musste doch sehr anstrengend sein! – während der Eierhaufen neben einem jeden immer größer und größer wurde.

Es waren auch Zuckerhasen darunter, die legten natürlich Zuckereier. Fritzchen sah auch welche aus Marzipan, Schokolade, ja aus Glas – und sogar aus purem Gold!

Ging einmal ein Ei entzwei, dann geschah etwas Schnurriges: Es schlüpfte sofort ein Häschen daraus, das sogleich fleißig mitlegen half. Andere Hasen gingen umher, sammelten die Eier in Körbchen und trugen diese fort.

Fritzchen wurde nun von seinem Begleiter in den zweiten Saal geführt. Hier saßen Tausende von Hasen auf Kohlblättern, große Farbtöpfe neben sich und Pinsel in den Pfoten. Fritzchen bemerkte, dass sie fast alle mit Farbklecksen bespritzt waren. Sie trugen große Brillen auf der Nase, ließen die Ohren hängen und taten sehr wichtig.

»Die Maler«, erklärte Kohlfraß. Fritzchen beobachtete mit Vergnügen, wie die langohrigen Künstler mit erstaunlicher Geschwindigkeit die Eier rot, gelb, blau und grün bepinselten, allerlei Figuren hineinkratzten und auf den Zucker- und Schokoladeneiern mittels kleiner Spritzen Herzen, Namenszüge und andere Formen aus Zuckerguss anbrachten.

Die auf diese Weise fertiggestellten Eier wurden von anderen Hasen

in den dritten Saal geschafft, wo sie, sorgfältig mit Moos umhüllt, in Körbe gepackt und von Hasendienstmännern fortgetragen wurden.

Fritzchen war inzwischen von Kohlfraß in den dritten Saal vor den Osterhasenkönig geführt worden. Dieser, ein Hase von riesenhafter Größe, saß in einer ungeheuren Eierschale, von einer Schar von Hasenhöflingen umgeben, die alle bei Fritzchens Eintreten aufsprangen und höflich Männchen machten – was bei den Hasen dasselbe wie bei unseren Soldaten das Salutieren ist. Seine Majestät hatte erstaunlich lange Ohren, die durch den ganzen Saal reichten und derer er sich ab und zu bediente, einem unfolgsamen Untertan eine Ohrfeige zu verabreichen.

Er redete übrigens Fritzchen sehr freundlich und leutselig an, riet ihm, immer brav und gut zu bleiben wie bisher, und überreichte ihm schließlich ein Osterei.

Hoch erfreut seinen Dank stammelnd, wollte Fritzchen es entgegennehmen, erfasste es auch bereits, da – ***o weh!*** – entglitt es seiner Hand und zerschlug – ***klack!*** – auf dem Fußboden.

Sogleich kam eine Menge Hasen daraus hervor, sie fingen an zu legen und legten und legten ein Ei nach dem anderen in einem fort, in einem fort!

Im Nu war der ganze Boden mit Eiern bedeckt. Die Hasen legten weiter und immer weiter: Jetzt reichte der Eierhaufen schon bis an Fritzchens Schultern. Und auf einmal ward ihm schwarz vor Augen, ihn überkam eine furchtbare Angst, er schrie laut auf - und erwachte.

Er lag in seinem Bett. Alles war verschwunden, bis auf ein kleines Schokoladenei, das er in der Hand hielt.

Darauf stand ein ***K*** und ein ***L***:

König Lampe.

A. H. Hoffmann von Fallersleben

DAS OSTEREI

Hei, juchhei! Kommt herbei!
Suchen wir das Osterei!
Immerfort, hier und dort
und an jedem Ort!

Ist es noch so gut versteckt,
endlich wird es doch entdeckt.
Hier ein Ei! Dort ein Ei!
Bald sind's zwei und drei!

Wer nicht blind, der gewinnt
einen schönen Fund geschwind.
Eier blau, rot und grau
kommen bald zur Schau.

Und ich sag's, es bleibt dabei,
gern such ich ein Osterei:
Zu gering ist kein Ding,
selbst kein Pfifferling.

INHALT